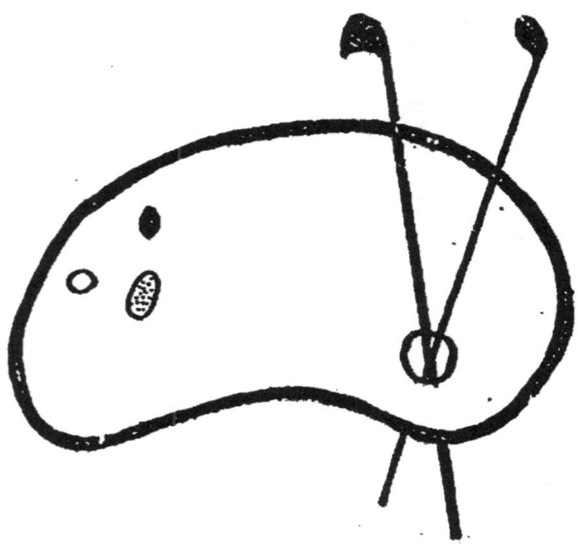

NOTES & DOCUMENTS

SUR LA

VIE PRIVÉE DE CHARLES IV

DUC DE LORRAINE

Tirés des papiers de son confesseur

PAR

J. FAVIER

NANCY
IMPRIMERIE A. VOIRIN ET L. KREIS, RUE SAINT-GEORGES, 51

—

1895

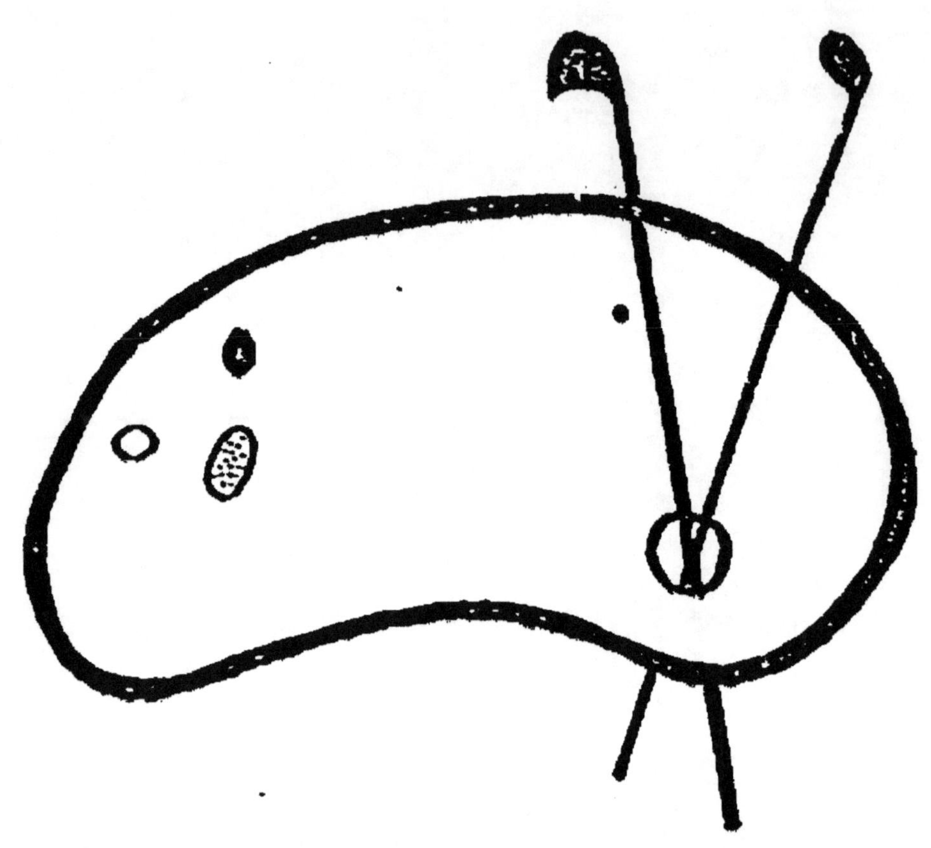

FIN D'UNE SERIE DE DOCUMENTS
EN COULEUR

NOTES ET DOCUMENTS

SUR LA

VIE PRIVÉE DE CHARLES IV

DUC DE LORRAINE

Tirés des papiers de son confesseur

La vie privée de Charles IV pourrait fournir matière à bien des romans, dût-on s'en tenir à ses intrigues amoureuses, dont le nombre est aussi grand que celui de ses résidences. Les historiens nous ont donné, par le menu, tous les détails du règne de ce malheureux duc qu'un mauvais génie, sous les traits de Richelieu et de Mazarin, a poursuivi sans relâche. Ses guerres un peu partout; sa prison en Espagne; ses traités signés la veille et violés le lendemain, tout nous a été dit avec soin; on nous a également raconté ses mariages projetés, conclus ou annulés, dont aucun n'a été pris au sérieux, pas même celui qu'il contracta à l'âge de 62 ans, avec une fillette de 13 ans.

Cependant, il faut bien admettre que quelques épisodes d'une carrière aussi tourmentée, ont dû être négligés par les chercheurs d'autrefois; mais aujourd'hui que l'esprit est plus curieux, on veut tirer profit de tous les documents que l'on rencontre, quelle que soit leur importance. C'est pourquoi nous nous faisons un devoir de signaler ici aux amateurs, une mine fertile sur ce sujet, et d'en donner une idée par quelques extraits.

Ce n'est donc pas une biographie de Charles IV que nous entreprenons; nous dirons même que quiconque ignore l'histoire de la Lorraine au XVIIe siècle, ne peut lire avec fruit les pages qui suivent (1).

I. LE P. DONAT

Le P. Donat, né à Nancy (?) vers 1614, était entré dans la congrégation du tiers ordre, dit Lionnois, le 20 juillet 1630. Il n'avait pas encore quarante ans quand Charles IV le choisit pour son confesseur. La lettre qu'il écrivit au duc pour lui répondre qu'il acceptait ses offres, est datée de Braisne, petite ville du diocèse de Soissons.

---

(1) Une partie de ces documents a été publiée dans la *Revue historique*, mai-août 1886.

« De Braisne, le 5 janvier 1652.

« Monseigneur, Puisque ma religion satisfait aux désirs de V. A. et consent qu'elle prenne une nouvelle jurisdiction et un second tiltre de supériorité sur moy, je reste tout obligé de tourner cette nouvelle dépendance au service de V. A., Laquelle souffrira bien, comme j'espère, que j'y cherche aussi le salut de mon âme, et que je puisse accorder cette obédience avec ma conscience. L'avis que notre R. P. provincial me donne de vivre en votre Cour comme un saint Jean-Baptiste, m'y servira de moyen, puisqu'avec tant soit peu du feu de son bon zèle, je pourray annoncer les mérites et la nécessité de la pénitence, et me tenir toujours inviolablement au party de la vérité, par une liberté innocente et chrestienne de la produire au jour quand il sera nécessaire d'estre esclairé de ses lumières. C'est en elle que je suis de V. A., etc. »

Le confesseur du duc sut bientôt mériter la haute confiance de son maître, qui ne tarda pas à le consulter pour les affaires de ses États plus que pour celles de sa conscience. C'était une tâche bien délicate que de guider un prince du caractère de Charles IV dans sa lutte contre Mazarin et sa politique.

Le P. Donat, malgré tous les obstacles, n'a eu qu'un instant de défaillance. Il accompagnait son maître partout où les hasards de sa mauvaise fortune le poussaient. Lorsqu'en 1654, Charles fut emmené prisonnier en Espagne, il ne resta en Lorraine que pour en défendre les intérêts. C'était à lui que tous les membres de la famille ducale s'adressaient comme s'il avait été régent. A l'approche du traité des Pyrénées, la princesse d'Orléans le fit mander en toute hâte à Blois pour de là l'envoyer à Madrid, auprès de S. A.

Lorsque Charles fut remis en liberté, son confesseur le suivit à Paris, mais il y perdit son temps. La conduite de son maître finit par le décourager, et, le 6 avril 1662, il écrivit au nonce Piccolomini :

« Monseigneur, je me sens obligé d'avertir V. S. Ill. que j'ay quitté absolument S. A. de Lorraine dans la conjoncture des malheureuses affaires que V. S. Ill. sçait sans doute par les bruits communs et notamment dans la proximité de cette funeste alliance qu'il alloit faire si le roy n'eust apporté quelque ordre à ce désordre, faisant loger cette petite créature (1) dedans un monastère. J'ay creu que je ne pouvois demeurer plus longtemps en ce service avec honneur et conscience, et que les gens d'église de notre profession devant témoigner quelque deuil à la veue de ces résolutions infortunées, je ne pouvois mieux faire que de m'esloigner de ce prince pour pleurer son désastre ; et j'ay au moins cette joye de voir ma retraite approuvée de tous les gens de bien et d'honneur. Et je me persuade qu'elle ne sera pas condamnée de V. Seigneurie Illustrissime... »

Quelques jours après, il recevait ces mots de la duchesse d'Orléans : « ... Je vis hier votre maistre qui a besoin que Dieu l'assiste et d'avoir quelqu'un auprès de luy qui soit homme de bien et qui le connaisse ; je suis marrye que vous l'ayiez quitté... »

La duchesse ne fut pas seule à lui exprimer ce regret ; tous ceux qui s'intéressaient au salut de la Lorraine tenaient le même langage. Le 20 juin suivant, M. Thomas, conseiller à la Cour souveraine, lui disait : « Votre retraite est fort approuvée des gens de bien. Le F. Baptiste a déclaré icy et partout comme S. A. vous avoit souvent rappelé ; Dieu pourvoira de

(1) Marianne Pajot.

remèdes à nos maux, s'il lui plaist après cet orage. Si S. A. continue son dessein de vous ravoir, je vous conseillerois volontiers si j'en étois capable de reprendre le service... »

Après huit mois de cette crise, pendant lesquels il était venu s'installer à Sion, le P. Donat reprit ses fonctions auprès du duc. Le président Gervaise lui en témoigna sa satisfaction, au nom de toute la Cour.

« La retraite de V. R., et son retour près de la personne de S. A. sont des marques d'une très haulte vertu et d'une très entière affection. La première, mérite l'approbation de tous les gens d'honneur, mais l'autre, la doit avoir à un degré plus éminent, puisqu'il n'est pas seulement pour le bien du service, mais encore pour le salut de notre cher souverain... » La noblesse avait également lieu de s'en féliciter, car le comte de Moncha lui marquait, dans une de ses lettres : «... Je n'ay pas receu une médiocre joye de vous savoir proche de S. A. J'ay toujours bien creu qu'il ne vous laisseroit jamais dans votre solitude ; la pensée qu'il a prise luy même de vous aller rechercher, mérite bien que vous ayiez consenti à ce qu'il souhaitait et est assurément une preuve bien grande de la cognoissance qu'il a de la fidélité et de l'utilité de vos services, et vous ne les luy pouviez justement refuser, puisque mesme ils ne peuvent produire que de très bons effets, lesquels, je crois, messieurs de la noblesse auront desjà ressentis... »

— La réconciliation eut lieu à Mirecourt où le Duc était venu se fixer en attendant que Nancy lui fût rendue. Le P. Tiercelin par sa conduite, donna à son souverain une preuve éclatante de cette grande affection que l'on retrouve exprimée, quelquefois avec trop d'enthousiasme, dans tous ses écrits.

Pendant cette dernière période de son séjour auprès de Charles IV, période qui dura jusqu'à la mort de ce dernier, le P. Donat, jaloux de venger l'honneur de son maître, attaqué par tout le monde, conçut le projet d'en écrire l'histoire. Dans ce but, en profitant des avantages que lui procurait sa situation, il fit une collection des pièces les plus curieuses et les plus intéressantes concernant les évènements auxquels il avait assisté, les minutes des lettres qu'il écrivait soit à des particuliers, soit aux agents du duc dans les différentes cours, soit enfin aux membres de la famille ducale ; les lettres qu'il recevait de ces différentes sources ; les mémoires, les requêtes et les remontrances de la Cour souveraine, de la Chambre des comptes et de la Chambre de ville de Nancy ; en un mot tout ce qui pouvait jeter un peu de lumière sur le moindre fait était recueilli et conservé avec le plus grand soin.

Ce n'est qu'à partir de 1676, après être rentré dans le calme de la vie du couvent, (1) qu'il put tirer quelque profit de tous ces matériaux. Outre ses mémoires, dont il ne nous reste malheureusement qu'une faible partie, et les différents écrits (2) dont parle D. Calmet (3) il avait rédigé une réfutation des Mémoires du marquis de Beauvau.

Les partisans de Charles IV avaient été émus à la lecture de cette publication où l'auteur anonyme exprimait librement les opinions qui devaient mettre plus tard l'abbé de Senones aux prises avec la censure.

---

(1) Nous retrouvons le P. Donat à Bayon de 1676 à 1683, à Sens, en 1688 et à Nancy de 1697 à 1699.

(2) Avant son entrée à la cour de Lorraine, le P. Donat, avait écrit beaucoup de sermons et d'autres opuscules mystiques, entre autres une *Prosopopée de la religion du tiers ordre. Saint François à ses enfants divisés.* Avec la date de 1644. (N° 677 des manuscrits de la Bibliothèque publique de Nancy.)

(3) Bibliothèque lorraine, col. 383

Dès 1687, M. Lebègue écrivait au défenseur le plus fervent de la maison de Lorraine :

« Je conviens fort que rien n'est plus injurieux que le libelle de Fléville (1), et si vous saviez la peine où je suis de remédier à tout ce qu'il dit contre le party où nous sommes, vous verriez que j'ai plus d'intérêt que personne à le voir réfuter, mais comme vous dites fort bien que le pays où vous êtes n'est point propre pour dire tout ce qu'on voudroit, j'estime qu'il faut prendre d'autres mesures... »

Cette appréciation est modérée si on la compare à celle que le marquis de Gerbéviller (2) exprimait le 10 janvier 1688 :

« Mon R. P.... J'ay leu la belle dissertation que vous m'avez faicte au sujecl de l'histoire que l'on a mise au jour, je ne m'étonne pas que vous qui êtes si éloquent m'eussiez dit tant de belles choses sur une matière dans laquelle les moins diserts trouveroyent dequoy parler amplement, soit sur l'élocution de l'auteur qui est tout à fait basse, soit sur les faussetés de son histoire ; il est même aisé de voir que l'auteur n'a jamais été trop à la guerre, de la manière qu'il en parle, et je croy qu'il eut mieux vallu, pour son honneur, que ses héritiers eussent supprimé ce bel ouvrage que de l'avoir mis au jour... Une aussi méchante pièce qu'est celle-là ne peut point passer à la postérité, et l'on n'en fera pas plus de cas, dans la suite, que d'un vieil almanach. »

La rapidité avec laquelle les éditions du « vieil almanach » se succédèrent ont prouvé à l'auteur de cette lettre l'erreur de son premier jugement. Il n'y avait plus moyen de compter sur le silence ; il fallait réfuter : « Je suis comme vous, écrit-il au P. Donat, en juin 1691, dans un grand chagrin contre ceux qui ont fait imprimer la satire plutost que la vie de notre ancien maistre ; celui sous le nom duquel on a mis au jour ce beau livre n'ayant jamais eu aucune part ny dans les affaires, ny dans l'amitié et encore moins dans la guerre, comment auroit-il peu être instruict des choses qui se sont passées pendant le règne de ce grand prince?... Ceux qui en révèlent la mémoire, qui sont informés de sa vie, et à qui Dieu a donné de beaux talents pour écrire devraient bien répondre à une aussy méchante pièce que celle-là. »

Le P. Tiercelin n'avait pas attendu ce nouvel avis, sa réfutation manuscrite circulait déjà, comme nous venons de le voir, mais il avait mis tant d'ardeur à défendre sa cause, que le roi l'avait éloigné de Nancy. Il était à Sens quand il reçut une lettre dans laquelle un ancien général des armées du duc lui exprimait, à sa façon, le mépris que lui avait inspiré ce « méchant libelle ». Nous sommes heureux de reproduire *in-extenso* ce document qui peint bien les sentiments chevaleresques de Gaston-Jean-Baptiste marquis de Bassompierre, neveu du maréchal dont les mémoires sont si intéressants :

« A Savigny, 2me aoust 1688.

« Mon très Révérend Père,

« J'ai receu celle que vous m'avez fait l'honneur de m'écrire, qui m'a donné bien de la satisfaction de voir que je suis encore dans vostre sou-

---

(1) Cette désignation de *libelle de Fléville*, prouve que l'on connaissait déjà positivement le nom de l'auteur, contrairement à ce qu'en dit D. Calmet, *bibl. lor. col. 89*, car M. de Beauvau était seigneur de Fléville.

(2) Gaston-Jean-Baptiste de Tornielle, marquis de Gerbéviller.

venir, et bien du chagrin de tous les maux que vous souffrez. Je voudrais bien que nous soyions plus proche l'un de l'autre pour nous consoler ensemble de toutes nos adversités et apprendre de vous à les prendre patiamment. J'espère qu'enfin votre innocence estant cogneue, on vous renverra finir vos jours en quelque maison de cette province. Puisque vous me mandez que vous avez veu ce libelle diffamatoire du sieur de Beauvau contre la mémoire de défunt S. A., et que vous m'en demandez mon advis, je vous dirai que je ne l'ay pas voulu voir par ce que j'ay remarqué à tous ceux qui l'ont leu tant d'horreur pour ceste pièce qui n'est remplie que d'impostures et d'injures infâmes à un subjet contre son souverain qui n'a fait que du bien à luy et aux siens (1). Je crois que les enfants de ce prince ou ses proches treuveront quelqu'un plus reconnaissant et témoin auculaire de ses actions et de sa vie pour répondre et contredire ce méchant livre, que je crois qu'il n'a écrit que pour faire parler de luy après sa mort, comme celuy qui brula le temple d'Ephèse. Je ne crois pas que le neveu approuve cette félonie de son gouverneur, ny qu'il récompense les enfants de la haste qu'ils ont eue de la faire imprimer sans sa permission, ny luy avoir fait voir auparavant; et je crois qu'il pourra bien renvoyer de chez luy les enfants qui sont à son service et dans sa maison, en haine de cela.

« Pour moi, qui suis présentement vieux et cassé, et qui ressent les fatigues de la vieille guerre, je ne m'aplique qu'à eslever mes enfants et à tâcher de me convertir. Je vous conjure, mon Révérend Père, au nom de notre ancienne amitié, de me faire la grâce de vouloir prier Dieu et sa sainte Mère pour ce qu'ils veuillent me convertir et me faire miséricorde, et que toute ma famille soit gens de bien et d'honneur. J'assure V. R. que j'auray un ressouvenir éternel de vostre chère personne et de toutes les obligations que je vous ay et que je vivray et mourray, Mon très R. P., Votre très humble et obéissant serviteur. BASSOMPIERRE.

« P. S. — Mes honneurs et compliments au R. P. Vincent. »

La polémique suscitée par le libelle de Fléville dura plusieurs années, et il est probable qu'à l'avénement de Léopold, la réfutation tant désirée aurait vu le jour, si la grosse affaire du code publié par ce duc n'était venue absorber les dernières années du P. Donat (2). Nous verrons, en effet, que ce religieux, malgré son grand âge, a défendu énergiquement les droits du duc contre les prétentions de l'évêque de Toul.

A en croire D. Calmet, les matériaux rassemblés par le confesseur de Charles IV auraient été dispersés et perdus, à l'exception toutefois de ceux qu'il dit avoir découverts parmi les papiers de M. de Rosselange, ancien prieur de Neuviller, et qui se retrouvaient alors dans la bibliothèque du prieuré de Flavigny. L'appréciation que l'abbé de Senones avait portée des écrits du P. Donat avait sans doute décidé les PP. Tiercelins de Nancy à lui cacher le dépôt qu'ils en avaient dans leur bibliothèque, car dans les paperasses qui furent, le 19 septembre 1791, transportées de ce couvent à la bibliothèque de l'Université, se trouve une énorme quantité de pièces

---

(1) Pour donner raison à ce qu'avance ici le correspondant du P. Donat, nous signalerons une lettre dans laquelle Madame de Beauveau demandait, le 10 octobre 1661, l'appui du confesseur du duc pour lui faire obtenir l'emploi de dame d'honneur de Mademoiselle de Nemours, dans le cas où elle épouserait le prince Charles : « Vous savez, dit-elle, qu'ayant huict enfants, cela me pourroit être avantageux. »

(2) Voy. Noël, *catalogue des collections lorraines*, n° 44, note.

qui semblent avoir fait partie de cette collection. Elles forment aujourd'hu 14 liasses (1) cotées :

— Correspondance du Conseil de ville de Nancy (liasses nos 34, 35).
— Matériaux divers pour servir à l'histoire de Charles IV (l. 90 et 100 bis),
— Papiers des Tiercelins de Nancy (2) (l. 101 à 106).
— Lettres écrites par le P. Donat (l. 107).
— Lettres adressées au P. Donat (l. 108 et 109).
— Lettres adressées à M. Virion, à Rome (l. 111 et 112).

C'est dans ces documents que nous avons choisi ceux que nous donnons ici et dont le contenu révèle des faits peu connus pour la plupart.

II. — LA DUCHESSE NICOLE

Parmi les pièces se rapportant à Nicole, il en est deux qui ont attiré plus particulièrement notre attention. La première est une sorte de procès-verbal de ce qui s'est passé autour de la duchesse lorsqu'elle rendit le dernier soupir. Ce document a été écrit de la main du P. Donat, après la mort de Charles IV.

« Je soussigné, Frère Donat, religieux du tiers ordre de S. François, autrefois prédicateur et confesseur de S. A. M. le duc Charles IV, certifie à qui il appartiendra qu'estant allé à Paris pour affaires de la province régulière de laquelle j'estois premier deffiniteur, et y visitant quelquefois Madame la duchesse Nicole, pendant sa dernière maladie, je voyais souvent feu Monseigneur le duc Nicolas-François, avec Messeigneurs les princes Ferdinand et Charles ses enfants, auprès d'elle ; et notamment Mondit Seigneur le duc se trouva aux approches de la mort de la princesse, et assista, avec les domestiques de la mourante, et demeura à genoux avec eux pendant les prières de recommendation de l'âme que je récitois, avec M. le curé de la paroisse de S. Paul de Paris et le Père mon compagnon. Qu'aussitôt qu'elle fut morte, il jeta le premier de l'eau bénite sur le corps, il se retira dans la chambre où estoient les princes ses enfants, qu'il ne voulut pas estre présents avec luy à cette mort ; qu'après luy la compagnie sortit, excepté quelques femmes qui couvrirent le corps, lequel fut laissé toute la nuit à ma garde et à celle de mon compagnon ; que lesdites femmes revinrent, et, après quelques prières dites devant le corps, prirent des chapelets, pendants, reliquaires, le bénitier et autres menues choses ; que peu de jours après Mondit Seigneur le duc François me fit donner le petit tableau de la chapelle de l'hostel, représentant l'annonciation de la Vierge, d'environ 4 ou 5 pieds de hauteur, et de 4 de largeur, pour le mettre en l'église de Notre-Dame de Sion ; que le roy, ayant sceu la nouvelle de la mort de la duchesse, envoya incontinent deux compagnies de ses gardes en l'hostel de Lorraine, dont Mondit Seigneur duc François estant étonné, engagea Mademoiselle de Guise d'aller représenter au Roy que ces gardes faisoient épouvante en l'hostel et au quartier, qu'elles étoient inutiles au logis où rien ne branloit, et qu'apparemment il n'y avoit rien du service de S. M., laquelle ayant répondu qu'elle n'avoit envoyé ces gardes que pour l'honneur du corps de la trépassée et pour empêcher quelques mou-

(1) Sans compter toutes les lettres qui en ont été tirées pour être réparties dans la collection d'autographes de la Bibliothèque de la Ville.

(2) Une quantité de pièces enfermées dans ces liasses pourraient bien faire modifier l'opinion de Lionnois qui a dit que jamais le P. Donat ne se servit de son crédit pour procurer à la congrégation des avantages considérables.

vement de créanciers ou de tentateurs de saisies, elle les fit retirer, dont Mondit Seigneur duc François fut grandement satisfait, et en alla remercier le Roy. »

Le prince avait sans doute voulu, par ces démarches, se faire pardonner son alliance avec les Espagnols, et recueillir, en même temps que le dernier souffle de la duchesse, l'autorité dont Charles l'avait exclusivement investi, par une lettre datée du 28 février 1655.

La deuxième pièce est une lettre de M. de Saint-Martin, cet homme d'un esprit subtil et délicat, dit le marquis de Beauvau, qui a pris une part très active dans la direction des affaires de sa province pendant la prison du duc.

De son vivant, Nicole avait fait tous les sacrifices possibles à une femme, pour mériter l'affection de Charles ; elle avait même consenti, en apparence, à lui reconnaître des droits personnels sur le duché de Lorraine. Cependant au fond de son cœur elle cachait la pensée que le duc ne pouvait avoir d'autres prétentions que celles que lui permettait son mariage. Ce secret nous est révélé par la lettre que M. de Saint-Martin écrivit au P. Donat, le 17 septembre 1659.

Le confesseur du duc et ceux qui se sont inspirés de ses notes pour écrire l'histoire de Charles IV, se sont bien gardés d'en dire un mot. M. d'Haussonville (1) y aurait certainement trouvé la raison pour laquelle le duc ne manifesta aucun regret après la mort de la princesse et ne parla plus jamais d'elle : c'est qu'au sortir de sa prison on lui avait appris la protestation posthume de la malheureuse Nicole.

« Mon Révérend Père... Je suis infiniment obligé à la bonté de Son Altesse qu'au moins elle croit que le zèle de son service me porta à faire faire la déclaration de question a feue Madame (qui soit au ciel) ; en voicy le véritable sujet : quelque temps avant sa maladie, je fus adverti, mais de bonne part, qu'elle avoit passé quelque chose fort préjudiciable aux droits souverains de S. A., je luy en parlois assez souvent avec adresse, je n'en pus jamais tirer lumière ny esclaircissement, et comme je ne sçavois point où pouvoit estre cette pièce, je crus n'y pouvoir mieux remédier que par la déclaration que je luy fis signer et dont j'envoyay une copie à S. A. ; mais puisqu'elle ne luy est pas agréable, il est fort aisé d'y remédier en retirant la minute des mains du notaire dont je me promets bien de venir à bout, pour la garder ou pour la brusler selon qu'il plaira à S. A. de l'ordonner. Après la mort de Madame, nous nous saisismes, de l'advis de M. Mengin, d'une boette de fer blanc, dans laquelle il y avoit un paquet cacheté de trois cachets des armes de Lorraine, et au-dessus estoit escrit : *je prie celuy ou celle qui me trouvera de ne point m'ouvrir.* M. Mengin dira à V. R. comme nous usasmes de ce paquet, cela ne pouvant se confier au papier ; c'estoit une protestation que Madame avoit faicte par devant le nonce de S. Sainteté, au sujet du comté de Clermont, par laquelle protestation elle prenoit la qualité de duchesse de Lorraine de son chef, et c'estoit à mon advis une très mauvaise pièce. Je supplie V. R. d'en garder le secret, et de n'en parler jamais qu'à S. A. seule. Je laisse à juger à V. R. si sur un advis que l'on m'avoit donné de si bonne part, S. A. ne m'auroit pas beaucoup blasmé si je n'avois pas tasché de remédier contre ce que Madame auroit pu avoir fait contre et au préjudice de son authorité souveraine qui estoit notablement blessée par cette protestation... »

Le reste de la lettre nous fait comprendre que le duc avait du dépit de

(1) Histoire de la réunion de la Lorraine à la France, Paris, 1857, t. 3, p. 8.

voir que cette pièce avait failli être rendue publique par la déclaration déposée entre les mains d'un notaire.

III. — BÉATRIX DE CUSANCE

La femme qui a joué le plus grand rôle dans la vie de Charles IV est incontestablement Béatrix de Cusance, que des plaisants ont surnommée sa « femme de campagne ». Cependant les papiers qui la concernent ne sont pas très nombreux ; il n'y a guère que des lettres relatives aux démarches faites en cour de Rome de 1659 à 1661, dans lesquelles le P. Donat fait à Béatrix de sevères observations à propos d'une éclatante rupture de ban dont elle venait de se rendre coupable.

La première série nous révèle une querelle de ménage où la conduite du duc semble passablement ambiguë. Madame de Cantecroix avait remué ciel et terre pour arriver à avoir raison du *non possumus* inébranlable que lui opposait le pape depuis longtemps. Voyant l'inutilité de ses efforts, elle crut en trouver la cause dans une opposition secrète de la part de Charles. M. Maréchal, agent de S. A. à Rome, accusé de négligence et de complicité, adressa au P. Donat de longs mémoires pour expliquer sa conduite. Il nous suffira de rapporter ici sa lettre du 7 février 1661, qui en est le résumé :

« Monsieur et Révérend Père, j'aurois raison de me plaindre de ce qu'il me faut faire des procès justificatifs, si je ne considérois avec tout le monde que M. B. a raison de chercher tous les moyens de se sauver ; elle le devoit néanmoins faire sans mon préjudice, et elle doit attribuer ses disgrâces à la mauvaise nature de l'affaire, car j'ay tousjours tasché de la servir et vous voyez, par le contenu en ce mémoire, que je vous prie de lire à S. A., auquel j'aurois plusieurs choses à adjouster, que l'on ne peut procéder autrement que de bonne foy en une affaire si grave et si dangereuse en tous ses accidents, tant par de ça que par de là, où j'ai tousjours esté entre le marteau et l'enclume, et me suis soutenu généreusement avec une bonne foy par la divine grâce du S. Esprit que j'ay invoqué incessamment, pendant que les autres sont tombés ou ont quitté la partie ; et croyez-moi que j'ay passé quantité de mauvaises nuits et même de mauvaises années depuis vingt-cinq ans que l'affaire dure. Vous seriez étonné si vous aviez veu et ouy les fracas du commencement, les emprisonnements et les offenses pires que du bouc émissaire qu'il a fallu essuyer avec résolution ; l'on a bien rappelé les canons et conciles qui parlent de ce Lothaire mentionné dans ce mémoire, et je sçay que les annalistes, continuateurs de Baronius, commencent desjà à escrire notre histoire ; que quelques personnes de par de là ont voulu faire passer pour une intrigue de roman. Vous savez que l'Eglise ne joue pas. Enfin je loue Dieu de ce que cette affaire est conclue comme j'espère. Je vous prie d'y travailler de vostre costé. Il faut estre bien aysé à persuader pour croire que l'on nous octroyeroit ce que nous demandions par notre mémorial. J'ay ouy dire au pape Urbain que les papes sont obligés d'engager jusques à la thiare pour le soutien des sacrements et principalement de celuy de mariage comfirmé par tant de conciles, pour le repos de la chrétienté. Je vous ay desjà escrit que le chanoine Othenin advoue librement la lettre que vous m'avez renvoyée pour la luy faire voir. Je suis, etc... »

Dans le billet auquel cette dernière phrase fait allusion, le chanoine Othenin certifie que M. Maréchal ne lui a jamais dit que S. A. de Lorraine n'avait pas fait tout ce qu'elle pouvait pour obtenir dispense de Sa Sainteté.

Les explications fournies par Maréchal ne l'ont pas garanti d'une disgrâce ; il fut sacrifié à la rancune de Béatrix, ce qui n'avança pas les affaires, car, le 25 juillet suivant, le duc trouvait le temps d'écrire à son confesseur pour lui repéter que Rome était inflexible ; qu'on lui conseillait de se marier ailleurs ; que c'était le seul moyen de réduire à la raison son frère et son neveu, et que cependant il s'y est refusé, prouvant par là combien il avait le désir de « rentrer dans la famille ». « Mais, ajoute-t-il, sy Madame a tant de facilité à Rome pour obtenir cette dispense, pourquoy ne l'a-t-elle obtenue, car j'ay donné et présenté des regrets au pape... »

Malgré les bonnes raisons qu'il prétend avoir, le duc dissimule très mal son grand embarras ; c'est qu'il soupçonne bien Béatrix de ne pas ignorer que, depuis son retour d'Espagne, il a déjà signé plusieurs autres contrats de mariage. Elle connaissait tellement bien la belle conduite de son époux, elle se sentait si près d'être abandonnée à jamais, qu'elle voulut reconquérir ses droits par un coup d'audace.

Pour une foule de raisons qu'il est inutile de rappeler ici, il avait été formellement interdit à Béatrix de pénétrer dans les etats de Lorraine et de Bar (1) ; mais, au mépris des défenses de l'Eglise, et au grand scandale de tout le monde, elle vint à Bar, en novembre 1661, y fut reçue en souveraine, y fut logée dans la maison, dans la chambre, dans le lit même de Charles. Cette entreprise lui valut, de la part du P. Donat, des remontrances qui n'avaient rien d'encourageant.

« Madame, lui écrit-il le 23 novembre, je ne puis rien ajouter à mes deux précédentes sinon que ce dernier voyage à Bar et la retraite dans la chambre de S. A. met tout ici dans la dernière dérision, et Sadite A. en grande peine de se sauver du blasme dont on la charge à l'occasion de toutes les allées et venues de V. A. dans ses états, dans une saison où, pour mieux faire réussir ses prétentions et espérances, il eust esté de la dernière importance d'en estre éloignée et de laiser une dernière pitié de vos tristes aventures dans l'âme de ceux qui ne font présentement qu'en railler. Comme je ne suis point du conseil de V. A., je souhaite ardemment que ceux qui ont l'honneur d'en estre luy inspirent fortement de bien prendre garde à toutes les conséquences de cecy et que l'affaire étant réduite à l'impossibilité, et que VV. AA. n'ayant plus à se remettre ensemble, que pourroit dire le monde, voyant faire toutes sortes de tentatives à une des parties pour se rapprocher, tandis que l'autre recule ouvertement pour tel intérest de sa propre réputation et pour ne point montrer une âme rebelle aux ordres et décrets de l'Eglise. Je dis cecy longuement à V. A. sur la connaissance que j'ay des choses et sur l'estonnement où est Sadite A. de ce qu'avant son départ de Bar pour Paris, vous luy avez fait un dernier adieu, et qu'à votre demande, elle vous avait envoyé des attelages pour vostre conduite en Bourgogne, et que cependant V. A. ait si soudainement changé de résolution pour avoir apparemment quelque satisfaction de voir M. le prince son petit-fils, mais en effet pour ruiner entièrement la

(1) Qui ne connait cette triste comédie de la rupture solennelle qui se fit entre Charles et Béatrix et dont le P. Hugo nous a raconté jusqu'à la mise en scène ? « Le 21 décembre 1615, les deux amants, dit-il, comparurent en présence des commissaires apostoliques et reçurent l'absolution avec l'appareil et dans la posture des excommuniés, l'un et l'autre prosternés aux pieds de leurs juges, au milieu d'une assemblée de Seigneurs de la cour et de douze pères jésuites, ayant demandé pardon et conjuré la miséricorde de l'Eglise de le leur accorder. Ils montrèrent beaucoup de piété pendant cette cérémonie. Mais il en couta des pleurs à l'un et à l'autre et l'amour, ajoute le révérend auteur, ne pouvait, à moindres frais, consentir à une rupture si violente. » (d'Haussonville, t. 2, p. 215).

bonne estime qu'on avoit tasché de faire avoir de sa sagesse, dans la résolution d'aller attendre en Bourgogne les ordres de la providence de Dieu et une dernière fin d'affaires. A cela je dois ajouter ce que Madame la duchesse d'Orléans me dit hier que sur les clameurs du duc François touchant le séjour dans les états de S. A., elle lui avoit fait connoistre qu'il ne falloit pas blasmer Sadite A. de ce qu'elle ne vous en faisoit pas sortir à raison de l'amitié du temps passé et des enfants; mais puisqu'il estoit si important que vous en sortiez pour la réputation de Sadite A. en cour de Rome et de France et de toute la Lorraine, il faudroit chercher d'autres moyens pour vous en faire vuider sy de vous même vous ne prenez la résolution d'en sortir. Je conjure V. A. d'y penser et de ne point attendre qu'une femme ou quelque autre force la réduise à faire, par contrainte, ce qu'elle auroit deu faire volontairement; et après cela on sera plus en liberté de parler et solliciter pour elle au sujet des autres choses qu'elle demande à Sadite A., laquelle estant d'ailleurs preste à retourner à Bar, il ne faudroit pas qu'elle y vit seulement votre ombre, ny aucune marque que vous y ayiez esté. V. A. estimera bien ma franchise si elle me croit tel que je suis. Fr. Donat de Nancy. »

Il n'est pas nécessaire de dire que les lettres du P. Tiercelin étaient, sinon dictées, du moins inspirées par le duc, chez qui les folles amours avaient encore laissé une place pour les sentiments d'humanité; dans une autre missive le sévère confesseur dit à la pauvre abandonnée: « S. A. (Charles) m'a commandé d'escrire à V. A. que pour ce qui est de MM. les enfants elle veut qu'ils ayent toujours les respects tout grands et une obéissance ponctuelle à toutes les volontés de V. A. et qu'elle n'entend pas qu'elle leur abandonne ses biens pendant sa vie, ne pouvant pas même souffrir qu'on luy en fasse la moindre proposition. Ensuite Sadite A. m'a encore commandé d'escrire à V. A. qu'elle luy fasse sçavoir une fois pour toutes ce qu'elle désire qu'elle fasse pour sa subsistence ou en quelle manière elle veut son entretien et à peu près combien il luy faudroit par mois ou par quartier ou par année, et qu'elle mettra tout le meilleur ordre qu'elle pourra pour luy en faire avoir une satisfaction assurée, se sentant trop obligée à cet accessoire, puisqu'elle reconnoit de l'impossibilité de revenir au principal. Je presseray cette affaire de ma part autant qu'il me sera possible et qu'il plaira à V. A. que je m'en mesle... »

En termes plus clairs, la princesse de Cantecroix était appelée à faire valoir ses droits à la retraite.

IV. — MADEMOISELLE DE NEMOURS

La question du mariage du prince Charles a été des plus compliquées. Le duc, dit M. d'Haussonville, opposé à toutes les alliances qui s'offraient pour son neveu avec quelque chance de succès, était tout de feu pour celles dont il ne redoutait point la réussite. Cependant l'affaire faillit s'arranger avec Mademoiselle de Nemours (1); mais Charles IV qui, pour la première fois peut-être, aurait consenti à accéder au désir de Louis XIV, ne put triompher de la vive opposition qu'il rencontra chez les siens, surtout de la part de sa sœur Marguerite, duchesse d'Orléans, et de sa cousine Marie (2), connue sous le nom de Mademoiselle de Guise.

(1) L'une des deux filles de Charles-Amédée de Savoie, duc de Nemours et d'Elisabeth de Vendôme.

(2) Mademoiselle de Guise, née le 15 août 1615, est morte le 3 mars 1688. Elle était fille de Charles de Lorraine, duc de Guise, et de Henriette-Catherine, duchesse de Joyeuse.

« Pour Mademoiselle de Nemours, écrit-il un jour, je m'estonne qu'elle vous ayt proposé M. de Guise pour s'y entremettre, parceque je sçay bien qu'elle n'a pas creu qu'elle y eut inclination ; aussi je soupçonne qu'elle même ne désire pas conclure. Pour moy je ne puis aisément recommencer d'en faire parler ; ayant eu une méchante réponse des ministres... » Et ailleurs il va jusqu'à surmonter cette répugnance et essayer de reprendre ses négociations interrompues : « Si vous avez occasion, dit-il à son confesseur, de voir s'il y aurait moyen de finir l'affaire de Mademoiselle de Nemours, et que la Cour y consentit, taschez de la découvrir et m'en aviser... » Mais ce que femme veut Dieu le veut.

Mademoiselle de Guise ne ménageait pas ses lettres. Le P. Donat en recevait plusieurs par mois ; elles étaient toutes plus pressantes les unes que les autres. Nous nous contenterons de reproduire la suivante qui semble résumer toutes les raisons qu'elle avait à opposer à ce mariage :

« Les comédies d'aujourd'hui et de ces jours passés auront une suite plus funeste pour la personne de S. A. et de sa maison que celle dont Madame de Chevreuse l'avoit menacée. Je le laisseray dans son aveuglement abandonné à tout ce qui veut sa ruine puisque l'on ne tire aucun fruit de tous les soins que l'on prend pour luy que d'en estre traité comme si on estoit ses plus grands ennemis ; fourbé, trompé et s'il y a quelque chose de pis, c'est ce que l'on en doit attendre ; il décide sur l'interest de quelques fripons du sort d'une maison qui a esté si illustre dans le monde et avec tant d'avantage ; elle en est décheue par le peu de mérite de ceux qui la doivent soutenir qui au lieu d'une application si imposante se sont amusés à des bassesses indignes de leur naissance. Il faut que vous souffriez, Mon Révérend Père, qu'encore une fois je vous ouvre mon cœur et vous dise une partie de mes sentiments et des choses qui se sont débitées en Cour et ensuite dans les autres lieux : L'on tourne en ridicule ses apparences que S. A. donne du contraire de ce qu'il veut faire ; l'on se moque de sa foiblesse, qui n'ose dire un oui ou non de ce qu'il veut ou de ce qu'il ne veut pas ; l'on l'intimide avec ce qui n'espouvanterait pas une simple femme ; et l'on dit que ses valets, parce qu'ils y trouvent leur compte, luy font faire un mariage honteux sans que son neveu luy sache gré de luy donner ses estats, ni que la famille dans laquelle il entre par cette alliance veuille avoir aucune considération pour luy, à coups de bâtons, à belles menaces, et sans qu'il en puisse jamais fixer nul mérite, comme du service des Espagnols, pour lesquels il a fait la guerre trente ans. Voilà, mot pour mot, l'évangile du jour ; peut-être a-t-il esté proclamé à haute voix dans votre Cour, car on sçait par où il faut prendre S. A. Ce n'est point aux soumissions ni déférences qu'il se rend ; lui faire peur, l'intimider, le voilà en bel estat. Jugez, après cela, si je ne suis pas bien fondée à faire retraite ; mais ce qui me touche jusque dans le fonds de l'âme c'est que je sçais, à n'en pouvoir douter, que Mademoiselle (1), je n'entends pas une de ses

(1) Mademoiselle de Montpensier, la Grande Mademoiselle, la fille aînée de Gaston d'Orléans. Cette proposition ne semble pas avoir souri à Charles, car il écrit quelque part : « Je suis toujours dans l'opinion que l'on ne veut pas de nous, et que si le neveu ou l'oncle se veulent marier, il faut qu'ils cherchent ailleurs des femmes : pour l'oncle il est trop vieux pour une belle et jeune... », et dans une autre lettre : « Pour l'avis que l'on me donne de demander au roi l'une des deux sœurs, cela n'est pas faisable puisque je suis certain que la plus vieille ne veut qu'un jeune, me l'ayant dit, et pour la plus jeune, lui (le roi) a jeté son choix sur une autre ; vous savez bien que l'on en traite, ainsi ce ne serait que faire du bruit sans autre fruit que sujet de raillerie... » Quoi qu'il en soit, la lettre de Mademoiselle de Guise confirme ce qu'a dit M. d'Haussonville, t. III, p. 118, en note.

nièces, je dis l'aisnée, l'auroit voulu et se seroit rendue à l'épouser, et qu'il auroit eu le choix de la prendre, pour luy, où de la donner à son neveu. Je le sçais, encore une fois, très asseurément. Mais, M. R. P., comme je ne hazarde pas les secrets qui me sont confiés, c'est sur votre conscience et dans l'estime que j'ai de votre vertu que je vous dépose celuy-ci. Je n'en dirai jamais rien à S. A. ; je le fuiray à l'avenir autant que je l'ay cherché, et je ne m'envelopperay point dans le mépris que sa conduite luy attire.

» Je vous dis encore pour la troisième fois que si S. A. fust partie, qu'elle eut rompu le mariage de Mademoiselle de Nemours, qu'il auroit eu le choix de prendre Mademoiselle, celle qui est ma nièce et qui n'est pas la sienne, ou de la donner à son neveu. Jugez, M. P. de mes sentiments contre luy. Je ne lui en ay rien dit et ne luy en diray jamais rien, il est trop léger et trop infidèle pour les choses que l'on luy confie. Je ne puis m'empescher de vous dire encore que s'il vouloit résister au roy et à la reine mère, avec respect mais fortement, il répareroit encore, et les choses ne seroient point hors d'état de luy donner satisfaction. Mademoiselle se fie plus en moy présentement qu'il ne croit. »

La duchesse d'Orléans, dans un style plus bref et aussi peu correct, montrait une ardeur plus grande, si c'est possible à combattre les projets du roi relativement à cette union.

« Je croys, écrit-elle, toujours au même, que vous avez reçu ma lettre ; celle-cy est pour vous prier de dire à S. A. que je crois estre obligée de luy faire sçavoir comme le père de Mademoiselle de Nemours tomboit du mal caduc et l'oncle, à ce que j'ai ouy dire, le double de ces maux n'est pas plaisant pour mettre dans une maison ; je vous prie de dire à S. A. qu'il n'en parle pas, à qui que soit, car je ne dis ces choses que parce que je suis obligée de l'en avertir. »

V. — MARIE MANCINI

Mazarin le prenait peut-être d'un peu haut lorsque, le 4 juillet 1660, il écrivait au duc de Lorraine combien il était surpris de le voir « déclarer ses affections » à sa nièce, Marie Mancini. Loin de trouver surprenantes les avances de Charles IV, le cardinal les avait tout d'abord, bien accueillies, ou plutôt c'est lui qui les avait suscitées. L'indignation qu'il étale lorsqu'il dit au duc : « Je vous avoue que j'ai été en quelque façon mortifié de voir qu'on m'avait cru capable de songer seulement de procurer le moindre avantage à mes nièces aux dépens du roi et de l'Etat... », cette indignation n'est qu'apparente, et ce n'est qu'à regret qu'il ajoute : « V. A.... trouvera bon de ne pas presser davantage... » Dix mois avant le jour où ce refus avait été formulé, c'est-à-dire à une époque où le cardinal espérait que le duc n'éleverait pas ses prétentions jusqu'à revendiquer le duché de Bar, un des envoyés de Lorraine à Paris, M. de Saint-Martin, dont le témoignage a été souvent invoqué par les historiens les plus sérieux, écrivait la lettre suivante :

« A Paris, ce 14 novembre 1659.

« Ce matin Monsieur Brumant m'est venu trouver de la part de celuy que vous sçavez pour me donner advis qu'il est adverty de très bonne part, et jusques à tenir la chose pour certaine que si S. A. veut espouser une des nièces de Monsieur le cardinal, elle aura tout le contentement qu'elle peut désirer pour le gros de ses affaires, et qu'en cas qu'elle ne soit pas d'humeur à cela, la mesme chose se fera pourveu qu'elle en fasse espouser une par Monsieur le prince Charles et qu'elle le déclare son successeur, et que si S. A. ne veut faire ny l'un ny l'autre on ne laissera pas de faire le mariage du prince Charles avec une nièce, à l'instance qu'en fait M. le duc François, mais qu'en ce cas, S. A. se trouvera fort éloignée de son compte, voilà, presque mot pour mot, ce que porte l'advis ; vous aurez soin, s'il vous plaist, de le faire passer promptement et seurement à S A., elle y fera telle considération qu'il luy plaira, et après que M. de Guise aura parlé pour l'affaire pour laquelle il s'en va par delà, s'il y a la moindre apparence de faire sçavoir quelque chose à S. A. par un exprès, cet advis me semble assez important pour vous obliger à prendre cette commission pour luy aller porter vous mesme, sous prétexte que vous allez faire sçavoir à S. A. la response qu'aura eue M. de Guise ; vous verrez avec luy, sans vous trop ouvrir, s'il est bon d'en faire quelque ouverture à M. le cardinal, sans y engager S. A. en façon quelconque. J'auray toujours l'œil au guet icy, et vous donneray advis de tout ce que j'apprendray pour en rendre compte au maistre. Je vous prie de rechef de vous souvenir de l'instante prière que je vous ay faite de luy embrasser les genoux douze fois de la part de votre très obeissant serviteur. Saint-Martin. »

A cette époque d'ailleurs, le cardinal aimait à répéter aux familiers de Charles combien il l'avait en haute estime. Des compliments flatteurs savamment adressés ne devaient pas manquer de produire leur effet. Le P. Donat, dans une lettre datée de Mirecourt du 3 juin 1663, cherchant à prouver que le roi aurait plus d'intérêt à traiter le duc en ami plutôt qu'en ennemi, rappelle un entretien qu'il avait eu au moment du traité des Pyrénées : « J'en puis bien parler de la sorte, dit-il, puisque feu M. le cardinal Mazarin me dit ces mêmes termes à Bayonne, et qu'il avoit conseillé S. Majesté de le traiter ainsi, m'adjoustant en outre qu'il estoit prince de haut étage et qu'il y en avoit peu de vivants dans le monde qui fussent de sa force... »

VI. — MARIANNE SAINT-REMY

Pour calmer sa douleur de n'avoir pu épouser Marianne Pajot, Charles IV s'était amouraché d'une autre Marianne, la fille de Saint-Remy, premier maître d'hôtel de la duchesse d'Orléans. « La duchesse, dit le marquis de Beauvau, (t. 1, p. 228) apprenant la naissance de cette nouvelle passion, et que toute cette pratique s'ourdissait secrétement dans son propre palais, au quartier d'une demoiselle, nommée La Haie, femme de son apothicaire (1), et l'agente ordinaire des amours du duc, pour en arrêter le cours fit aussitôt arrêter cette agente avec la demoiselle de Saint-Remy. et les fit enfermer dans une chambre sous bonne garde. »

Charles ne fut pas rebuté pour si peu ; il se mit en mesure d'assiéger le palais de sa sœur pour en enlever les prisonnières : « un Suisse, dit le chroniqueur lui voyant faire quelque effort pour enfoncer une des portes, lui poussa brutalement un coup de hallebarde dont il fut un peu blessé. » Cet accident, dont la plupart des historiens ont négligé de parler, prit

(1) Décidément le duc semblait vouloir donner raison au roi qui lui avait dit que s'il avait épousé Marianne Pajot, la fille d'un apothicaire, il lui aurait fallu ajouter une seringue à ses armes. La réponse du prince à cette boutade est assez connue : « J'y aurois mis trois fleurs de lys au bout et cela eût parfaitement ressemblé au sceptre de V. M. »

tout-à-coup les proportions d'un drame ; le duc cria à l'assassinat et ne craignit pas d'en accuser sa sœur ; c'est pour se justifier que celle ci écrivit la lettre suivante (1) au P. Donat :

« L'histoire de l'assassinat de question vous sera racontée au vray par le porteur de celle-cy, et comme quoy il n'y a rien de plus faux que ce qu'on en dit ; et que néanmoins sur les seules plaintes de mon frère, quoyque sans fondement, mais seulement par respect et parcequ'il se plaignoit, je lui envoyai le mareschal d'Estampes avec mes suisses pour luy faire toute satisfaction. Que s'étant plaint encore du comte de Langeron, ce comte luy fist luy-même toutes les protestations qu'on pouvoit souhaiter d'un coupable, quoyqu'il fust innocent. Voilà mon procédé effectif.

« Mon frère a dit icy cent fois ce que vous m'escrivez qu'il dit en Lorraine ; mais cele n'a fait aucune impression, et personne de deça ne l'a creu, le contraire estant manifeste et sans contredit.

« Je ne m'estonne pas qu'un peuple croye légèrement et surtout sur le narré de son souverain ; mais ce qui me surprend, c'est qu'y ayant près de sa personne et ailleurs des gens qui sçavent la vérité, ils n'osent rien dire, et que ceux qui sont sages raisonnent si peu sur ma conduite et passent jusques à juger que je sois capable de souffrir un assassinat sur mon propre frère et dans ma maison. Par la miséricorde de Dieu, je n'en suis pas là, et vous le savez assez, et il n'y a personne au monde qui me connaisse qui puisse former de moy ce jugement-là à moins que d'extravaguer.

« Le sujet de l'arrest de la fille de Saint-Remy a été l'affront que me faisoit un de mes officiers dans ma maison, et ses paroles insolentes, et que j'ai creu qu'il estoit honteux de donner à mes filles une tante de cette qualité-là, et à ma maison une duchesse de mesme et dont les suites seroient funestes à tout l'Estat et à des millions d'âmes. Jugez si ces raisons-là ne sont pas bonnes.

« Maintenant que j'aye fait tout le pis que j'ay pu en haine de mon frère, les preuves que vous en apportez sont :

« La première que je l'ay pressé de prendre un parti bas et vilain, pour le rendre méprisable.

« La deuxième que je traite la femme de La Haye comme criminelle, et que je l'ay fait menacer d'estrivières, et tout cela contre la promesse faite à mon frère mesme de la mettre en liberté.

« La troisième que je souffre que le P. Demangeon et Joly disent mille ordures de mon frère en ma présence.

« Pour réponse je n'ay qu'à vous dire : A la première, que mon frère sait très bien que je lui ai dit plusieurs fois que je ne l'empescheroit jamais de se marier, et qu'au lieu de Marianne ou de Saint-Remy, il estoit de l'honneur de la maison et du repos de sa conscience, de prendre plustost une princesse, et de ces paroles-là que je luy ay répetées souvent, j'ay des témoins irréprochables. Il est vray que je luy ay dit qu'en cas qu'absolument il ne voulust point de princesse, il seroit mieux qu'il prist Marianne que Saint-Remy, à raison des conséquences et pour le bien de la maison, mais non autrement, car chacun sçait jusques à quel point j'ai toujours eu et témoigné de l'horreur des alliances basses et indignes de notre nom. Et je suis certaine que mon frère ne saurait maintenir le contraire. Or je

(1) Cette lettre n'est pas un autographe de la duchesse, mais elle n'en est pas moins authentique car le P. Donat y a mis cette note de sa main : « Lettre de Mad. la duchesse douairière d'Orléans. »

laisse à juger si traiter avec luy de cette manière là, c'est le rendre méprisable et si ce n'est pas plustost la passion qu'il a témoignée si hautement en face de toute la Cour et de tout le royaume pour ces deux mariages-là.

« A la deuxième, outre les raisons que l'on sçait pourquoy j'ay fait arrester la femme de La Haye, sont ses intrigues en Savoye à mon préjudice et ailleurs contre sa parole donnée, et qu'elle suit aveuglément ses humeurs et cent autres choses que vous sçavez; et la raison principale pourquoy je l'ay retenue si longtemps est la juste crainte que j'ay eue qu'elle ne donnast de pernicieuses impressions à ma fille de Toscane, et avec quel danger et quelle peine pour moy. Mais pour la menacer d'estrivières, cela n'est jamais seulement entré dans ma pensée; ni je n'ay jamais rien promis à mon frère pour sa liberté, car jamais il ne m'en a fait parler, bien moins luy ay-je promis par escrit. Et de ce que je dis Salin en peut estre témoin, qui est celuy que l'on a employé quand il s'agit de promettre pour la Saint-Remy. Mais je vous prie, considérez bien tout cecy qui est la pure vérité et voyez avec quelle injustice on me traicte.

« A la troisième du P. Demangeon et de Joly, je suis obligée de donner ce témoignage à la vérité, qui est que jamais ils n'ont parlé mal à propos, ni ne m'ont porté à rien de contraire au service de mon frère, et cela est vray, et ce qu'on vous en a escrit, une calomnie évidente. Pour le P. Demangeon je sçai qu'il n'a rien écrit (1) en Espagne qu'avec bonne intention et que par mes ordres, et non les choses que mon frère luy reproche, car j'ay les copies de ses lettres et je sçai ce qui y est. Et d'ailleurs il est impossible de sçavoir ni qu'on ait escrit en Lorraine ce qu'il me dit, ne luy parlant jamais qu'en particulier; et à vous dire franchement les choses comme elles sont, bien loin d'en user comme on l'accuse, il m'a souvent sollicitée de mettre en liberté et Saint-Remy et La Haye, et jamais à rien que pour le bien de mon frère et de la maison, et vous m'obligerez sensiblement d'agir désormais à son esgard auprès de mon frère sur ces principes-là, et non d'avoir opposition audit Père comme il semble que vous ayiez par vos lettres, car asseurément on luy fait tort, et il sert en homme de bien et avec une fidélité sans reproche. Quant est de Joly, vous la connoissez assez et à quel point elle est attachée à ses princes, et elle ne manquera pas de vous en escrire. Mais cependant j'ay de la peine à souffrir qu'on traite indignement des personnes innocentes qui servent mon frère au point que je sçay, et qu'on ne donne rien qu'au soupson et à la passion.

« Au reste depuis le départ de mon frère, j'ai fait moy-mesme la première les avances pour l'adoucir, je ne me suis nullement plainte de tout ce qu'il a dit et fait contre moy icy et ailleurs; je luy ay écrit plusieurs fois, je me suis offerte à poursuivre et soutenir ses intérêts à la Cour dans les conjonctures qui se sont présentées favorables; j'ay traité La Haye avec le plus

---

(1) La duchesse fait sans doute allusion à l'écrit qui a si fortement indigné M. de Saint-Martin et à propos duquel il écrivait au P. Donat, le 1er décembre 1659: « ...La pièce que le P. Demangeon a fait à S. A. est si détestable que V. R. fera bien à mon advis de laisser démesler la fusée à celuy qui l'a emboulée, et quand je la considère dans toutes ses circonstances, et que je trouve qu'outre la révélation de confession, elle attente criminellement à la mémoire de feu S. A. monseigneur le duc, et à la chère personne de S. A., je conclus que ce Père ne s'en peut justifier qu'en se faisant déclarer fou passé. Voilà un beau manifeste que les espagnols ont entre les mains et il ne faut pas douter que cette lettre ne se lise un jour dans l'histoire et dans les annales de Baronius, et s'il plaist à S. A. de me laisser faire, je pousseray ce Père si avant que la postérité en parlera à jamais; le maistre me fait la grâce de m'en escrire en gros, et monsieur Labbé la faveur de m'en dire le détail. Je n'ay pu m'empescher d'en descharger mon cœur à V. R. »

de douceur qu'il m'a esté possible, jusques à la nourrir de ma table, luy laisser son mary, ses enfants, sa servante, et n'avoir point d'égard à tant de paroles mal dites et à des advis qu'on m'a donnés des intrigues qu'elle continue.

« Si tout cela ne sert de rien et que mon frère ne considère que soy-mesme, et nullement mon honneur et mes intérêts, je ne laisseray pas de le traiter toujours en bonne sœur. Quand il y aura plus meurement pensé, j'espère qu'il en usera avec plus de justice et qu'il ne souffrira pas qu'on deschire ma réputation, y ayant si peu de sujet.

« D'après cette lettre dictée et écrite, j'ay résolu de sortir les prisonniers, et le porteur de celle-cy vous en dira le destail. »

VII. — ISABELLE DE LUDRES

Les projets de mariage de Charles IV, avons-nous dit, n'ont jamais été pris au sérieux par sa propre famille, mais il n'en était pas de même pour les parents des demoiselles dont il se disait épris. Presque toujours le duc était accueilli avec empressement et souvent même on cherchait, pour l'enchaîner, des liens plus sérieux que ceux de l'amour. La lettre suivante (1) peut faire faire bien des réflexions sur ce chapitre ; elle nous prouve en même temps que son auteur, M. Caillier, grand vicaire de Toul, ignorait les relations du duc avec Isabelle de Ludres, ainsi que le degré de parenté qu'il pouvait y avoir entre cette dernière et la maison Des Salles de Rorté. On croirait lire une page de roman :

«... Voicy, mon R. P., une autre affaire que j'estime très importante et qui me touche de quelque sorte en mon particulier, que j'ay creu devoir secrètement et [illegible]eusement communiquer à V. R. tant à cause du rang qu'elle tient près de S. A. S. qu'à cause de vos hautes vertus, et de quelque amitié que (comme j'ai tousjours creu) vous me faites l'honneur d'avoir pour moy, qui vous confie ce que j'ai a dire à V. R. afin que par votre prudence ordinaire, vous vous employiez à détourner et empescher les maux qui pourroient, sans votre remède, naitre d'un malheureux et très pernicieux principe.

« Hier matin, environ les 7 heures, un religieux de l'ordre de S. Dominique du couvent de Toul, nommé le P. de Roltay (Rortr) me vint trouver étant incommodé dans mon lict, me demanda quelque temps d'audience pour me proposer, disait-il, une grande affaire de conscience. Je me rendis donc attentif autant que je peus à un discours assez long qu'il me fit, disant que deux personnes demeurant à Toul depuis quelques années, en réputation d'estre mariées par ensemble, s'estoient découvertes à luy en confession, et soubs le secret de ce sacrement luy auroient dit qu'ils ne sont pas mariés, qu'ils veulent sortir de leur illégitime cohabitation, se marier ensemblement pour éviter le péché et se mettre dans la voye du salut, pourveu que ce soit par devant quelque prestre ou vicaire à qui ils ne fussent pas connus de peur d'être scandaleux. Que pour contribuer à une œuvre si sainte, il me prioit très instamment de leur part de leur permettre d'exposer par devant le premier prestre venu, sans aucune proclamation de bans. Je

(1) Lettre de M. Caillier, vicaire général de Toul, au P. Donat, 16 février 1663. Quelques jours plus tard, le même écrivait au même : « Nous aurons icy Monseigneur de Toul votre bon amy, le mardy de la semaine sainte, pour demeurer désormais fixé dans son évesché et ne plus retourner à Paris... »

résistay à cela fortement d'abord, disant que je debvois connoistre les parties pour pouvoir leur donner telle dispense ou permission, il réplique qu'il ne peut pas et ne doibt me les faire connoistre sans violer les secrets de la confession, qui doit être inviolable, par ce, dit-il, qu'il n'a sceu la conduite de ces gens là que dans la confession, et qu'au reste, si je leur refusoit cette grâce, ils étoient en péril évident de leur damnation par leur continuation dans leur désordre.

« Enfin, M. R. P., je fus tellement trompé par toutes les remontrances de ce religieux, qu'il avoit sceu si adroitement colorer des apparences d'une véritable piété, et par les pressants désirs de contribuer à la bonne vie et au salut de ces deux prétendues personnes, que me confiant à luy, comme j'aurois pu faire à mon bon ange, je luy fis délivrer une dispense ou permission d'espouser par devant le premier prestre approuvé, sur ce requis, ces deux prétendues personnes (de qui les noms n'étoient qu'en blanc). Environ 3 heures après cette délivrance, l'un de mes amis me vint voir à cause de mon indisposition, et, entre autres choses, me dit qu'il venoit de voir monter en un carosse, attelé de quatre beaux chevaux blancs, Madame de Rorté avec le P. de Rorté son fils, qui sembloient être pressés pour affaire importante, et que le bruit couroit qu'ils alloient marier une niepce dudit P. de Rorté avec quelque Seigneur de très grande et illustre extraction, allié ou parent des princes Sérénissimes de Lorraine. On ne m'eust pas plustost dit ces choses que je demeuray dans une appréhension comme lethargique que ce ne fust pour ce mariage que ce religieux m'avoit surpris, et à l'heure mesme, quoique malade, je me transportay dans son couvent et là j'appris de ses supérieurs ce qui me confirma grandement dans ma crainte ; ils me disent que led. P. alloit accompagner sa sœur jusques à Richarmesnil, que de là, il debvoit aller à Pont-à-Mousson pour affaire importante concernant une sienne niepce. Je me plaignis à eux de ce qui s'étoit passé le matin entre luy et moy. Cela les obligea à lui escrire avec commandement exprès de retourner, à peine d'estre déclaré fugitif et rebelle et de rapporter la dispense à luy délivrée à peine d'estre puni selon leur règle. J'envoyay quelques heures après un appariteur avec bon procès-verbal et une formelle révocation de lad. dispense qui fut signifiée premièrement au S. curé de Richarmesnil que l'on dit estre le curé de sad. niepce, et ensuite aud. P. de Rorté, dans leur couvent de Nancy, lequel n'a pas voulu rendre cette dispense, alléguant l'avoir délivrée à Toul à ceux pour qui il m'avoit prié ; ce qui est pourtant très faux, soubs respect, par ce que j'appris du gouverneur de Toul, qu'ayant fait avec moi et le greffier ce qu'il avoit à faire, il est monté en carosse sans s'arrêter nulle part, on m'y asseura de plus que depuis quelque temps ce père avoit tant de vanité que de croire que bientost il seroit allié à la sérénissime maison de Lorraine. Tout cela, M. R. P., joint au refus qu'il a fait de rendre icy, estant depuis peu de temps de retour de Nancy, lad. dispense, me confirme dans ma croyance, et ne me laisse aucun doubte qu'il n'en veuille abuser et ainsi rendre quelque mariage nul à cause de ma susd. révocation faite à sa propre personne, et à cause de la facilité qu'il y aura insérer, en remplissant les blancs d'icelle dispense des noms qu'il m'a cachés. M. R. P. je m'en plains à votre très chère et très digne personne qui seule peut plus et mieux que personne du monde prévenir et empescher les mauvais et scandaleux effets que pourroit produire une telle surprise. Je vous supplie donc et vous conjure, M. R. P., de tâcher et faire en sorte par tous les moyens possibles que Madame de Rorté, laquelle sans doubte a receu de son fils cette dispense vous la mette entre les mains en luy faisant voir l'importance de ce fait, la nullité et grande malédiction d'un mariage qui seroit fait ensuite. Et mesme, si, pour empescher un tel malheur, V. R. juge à propos d'en parler à S. A. S. obligez moy de l'en entretenir et de faire en sorte (estant ce que vous avez l'honneur d'estre près de sa personne) qu'elle empesche par son autorité souveraine et par sa piété, qu'aucune personne alliée de sa maison sérénissime ne contracte mariage avec une dispense fausse et de nulle valeur, qui terniroit à jamais et remplirait de malheurs une union si contraire aux saints canons. C'est, M. R. P. ce que j'ay à écrire, demander et espérer de votre zèle prudent et charitable. Outre ce bien public que vous procurerez à l'Eglise de Dieu, vous causerez un grand repos à mon esprit qui est oultré de très sensibles douleurs depuis ce trop de confiance et de crédulité que j'ay eu à un religieux à qui j'aurois confié mon propre salut.

« Pardonnez, mon bon P. à ma prolixité ; votre charité, votre patience est avec celle de l'apostre de qui vous imitez la vie et faictes les actions, et ma reconnaissance en demeurera éternelle dans mon cœur aussi bien que la passion d'estre à tout jamais..... »

Au reçu de cette lettre le P. Donat crut reconnaître des menées secrètes de la princesse de Cantecroix ; c'est du moins ce qu'il répond au grand vicaire, sans toutefois lui révéler les noms, qu'il savait à merveille, des deux amants dont avait parlé le P. de Rorté. Les explications que donne le confesseur de Charles IV nous permettent de constater les progrès qu'il avait faits dans la science diplomatique : il avait acquis à merveille le talent de tourner autour de la question et de parler sans rien compromettre.

« De Mirecourt, le 20 février 1663.

« Monsieur, La confiance de votre lettre ne s'estant pas terminée en moy seul, je l'ay deu jetter dans l'âme de S. A. S. Laquelle, peu après le commencement du rapport de l'affaire, l'a voulu interrompre, pour me dire qu'assurément tout ce narré n'estoit qu'une suite de certain acte d'opposition que Madame Béatrix vous a envoyé depuis quelques jours pour la signifier à Sad. A. en cas qu'elle viendroit à espouser une autre femme qu'elle dans l'estendue et ressort de vostre jurisdiction ; lad. opposition estant fondée et formée sur une déclaration de M. l'official de Besançon, portante que Sad. A. estoit le véritable mari de Mad. dame Béatrix ;... » Pendant deux grandes pages l'auteur de la missive démontre que l'opposition que Béatrix venait de faire au mariage de Charles avec Isabelle de Ludre, ne pouvait être fondée sur aucune raison valable ; après quoi seulement il aborde le fait qui tenait tant au cœur de M. Caillier : «... Pour ce qui est de l'action du P. de Rorté, S. A. S. m'a dit qu'elle n'en a point du tout ouï parler, et que c'est à luy seul ou à ses supérieurs qu'il en faut demander raison, n'ayant d'ailleurs rien à dire sur une chose qui luy est inconnue et qui est uniquement du ressort spirituel ; et pour mon particulier, vous pouvez croire, Monsieur, que je ne dois point parler de cette affaire à Madame de Rorté, tant à cause que je n'ay aucune habitude ny accès ordinaire auprès d'elle, et que d'ailleurs estant incertain que son fils luy ayt remis la pièce que vous répétez, elle demeureroit surprise et confuse jusqu'à ne me donner que des réponses ambigües et de nul effet, qu'à raison qu'estant à Sad. A. S. ce que je lui suis, je ne pourrois m'employer à cette recherche sans faire un esclat dangereux qui ne sera pas causé par l'entremise de quelque sage ecclésiastique, lequel n'auroit pas l'engagement que j'ay. Je vous conjure donc, Monsieur, de me vouloir ordonner toutes choses de ma portée et de mon pouvoir afin que je vous fasse paroître avec quelle passion je voudrois servir aux intérest de l'Eglise et comme je vous suis &... Donat. »

En rapprochant ces faits de l'énergique opposition qu'Isabelle de Ludre fit au mariage de Charles avec Mademoiselle d'Apremont, n'y aurait-il pas lieu de soupçonner que le curé de Richardménil, usant de la fameuse dispense, aurait fait plus que de fiancer les deux amants ?

Charles se montrait bon prince pour les familles où il était accueilli. Madame d'Anglure, dame doyenne de Bemiremont faisait des difficultés pour recevoir dans son abbaye mademoiselle Henriette de Ludre, la sœur d'Isabelle ; le duc sut bien user de toute son autorité pour vaincre cette résistance. Comme toujours, c'est le P. Donat qui servit d'intermédiaire.

« Madame, écrit-il, le 11 décembre 1663, j'ay parlé à S. A. de ce que vous avez bien voulu me recommander. Elle m'a dit qu'elle n'est pas d'hûmeur à combattre les droits d'Eglise mais que si des gentilshommes d'honneur et de probité jurent quelques dames du pays, et qu'à votre refus de les recevoir en votre Eglise, elle s'adresse à elle ou à sa Cour Souveraine pour avoir justice, l'une ou l'autre sera obligée de le faire après parties ouyes ; et on m'a adjousté qu'à l'égard de Mademoiselle de Ludre, à moins que vous requeriez plus des filles du pays que de celles qui sont étrangères, et que vous y vouliez faire naistre plus de difficultés et apporter plus de cérémonies que pour plusieurs autres qui ont esté receues en votre compagnie, vous n'en pouvez ny devez rejetter celle-cy puisque sa propre sœur a esté jurée dans les formes et légitimement admise en une église qui use de pareilles coustumes que la vostre. Je salue en très-humble respect, Mesdames... »

VIII. — MADEMOISELLE DE CHASTILLON

La réputation de haute galanterie de notre Don Juan lorrain lui avait attiré toutes les propositions dont les biographes nous ont laissé la liste. Il en est cependant qui ne sont mentionnées nulle part, entre autres celle que nous a révélée la lettre de Mademoiselle de Guise. Nous avons remarqué que, plusieurs fois, lorsque l'on suggérait une nouvelle candidature, on avait soin d'ajouter que l'on accepterait également le neveu ou le fils. Mais si Mademoiselle de Guise avait en grande estime l'enfant de Béatrix de Cusance, Mademoiselle de Montpensier semble avoir eu pour lui des vues moins élevées. Le P. Donat lui répondait à ce sujet la lettre suivante :

« Nancy, le 15 juillet 1668.

« Mademoiselle, si V. A. R. voit ici les traits d'une plume inconnue, elle les croira, s'il luy plaist, de celuy qu'elle a bien voulu estre participant de l'un de ses desseins à l'égard de Mademoiselle de Chastillon (1). J'applaudis à ses grâces et mérites puisque V. A. R. les déclare incomparables, et qu'on ne peut errer sur le jugement qu'elle fait des choses de ce monde. Mais de là je suis chargé d'un desplaisir sensible de ne pouvoir servir à cette affaire que par la garde d'un secret qu'elle y désire, puisque ma profession et la bonne morale ne me permettent pas de me jeter à de tels employs. Et je m'assure que V. A. R. qui sait bien par sa philosophie, que chaque globe doit demeurer en sa sphère, et par son christianisme,

(1) Il s'agit peut-être de Mademoiselle Charlotte-Elisabeth qui épousa le marquis de Montesson en 1668, et qui était fille de Gilles de Chatillon, baron d'Argenton.

que les choses vouées à Dieu doivent demeurer en leur entier, voudra bien approuver que je me réduise au seul point de faire mes humbles prières à Dieu pour que les bonnes intentions de V. A. R., et qu'une grâce extraordinaire de Dieu m'eust donné le pouvoir d'y servir en quelque chose, je passerois par dessus toutes loix, puisqu'il s'agiroit du salut et de la félicité de tant d'ames ; et c'est un malheur à la terre que cela ne soit arrivé. Et quant à l'égalité des maisons, extraordinairement mal imaginée par Mad. de V., elle ressemble à celle du moucheron à l'aigle ; et tant de filles royales qui sont venues loger sous le toict de celle-cy, depuis neuf ou dix siècles. On n'auroit seulement pensé de luy faire souffrir la comparaison de l'autre. Après cecy, je ne puis manquer de faire sçavoir à V. A. R. qu'aussitost mon retour à Paris, S. A. m'a demandé fort curieusement, et de sa belle façon des nouvelles de sa santé, avec de grands tesmoignages qu'elle la luy souhaite heureuse, longue et abondante en grâces. J'ai fait les responses telles que V. A. R. pouvoit attendre de mon bon zèle, etc... »

IX. — CHARLES IV A MIRECOURT EN 1663

On a fait au duc un crime de donner à Mirecourt plusieurs fêtes aux dames du pays, en particulier à celles de Poussay, en l'honneur de Mademoiselle de Ludre ; mais par cette folle gaîté, ne cherchait-il pas à s'étourdir, à oublier les malheurs qui l'accablaient ? Le P. Donat, qui ne voyait que le côté sérieux des choses, et ne participait pas à ces réjouissances, fait un tableau assez sombre de la situation de son maître, le 10 mars 1663.

« Madame, écrit-il à la princesse de Toscane, je ne puis laisser échapper un marchand de notre Lorraine, sans le charger de ce nouveau témoignage de la vérité et de la vie du pur zèle religieux que ma pauvre ame nourrit toujours pour le service de V. A. R. et c'est aussi pour lui donner des nouvelles de son cher et bon oncle. Elles ne sont, pour à présent, que de douleurs et d'amertume, à l'occasion de Messieurs les François qui occupent ses places, saccagent ses pauvres sujets et remplissent son pays de troupes sans dénonciation de guerre, et sans autre motif que celuy de la force. Cependant ce pauvre prince demeure quasi accablé sous cette vexation, sa pauvre personne sans aucune assurances, son domaine saisi de toutes parts et luy réduit à ne pas tirer un teston pour sa propre vie, ny mesme le moindre gratis de ses pauvres et bons sujets auxquels on défend de le luy donner, à peine d'estre bruslés et ruinés. Si bien que depuis qu'il y a des monarchies au monde on n'a jamais veu une pareille violence. Et ce qui est encore plus outrageant, c'est qu'on ne veut voir aucun envoyé ny escouter aucune raison ny remonstrance. Voilà l'estat déplorable où est réduit ce véritablement bon oncle, tandis que MM. les François usent à plaisir de la loy injuste de bienséance à s'accomoder du bien de leurs voisins. M. le duc François est aussy icy auprès de S. A. son frère ; la maladie de l'un n'est pas moindre que celle de l'autre ; et dans l'incertitude des évènements, ils ne savent quelle résolution prendre pour sauver le nom lorrain, et pour ne pas revestir de la qualité de princes lasches devant les yeux des autres princes de la chrestienté, qui se peuvent attendre à un mesme malheur sy on y souffre le faux droit d'usurpation... »

Le P. Donat vient de nous montrer Charles sous les traits d'un martyr, de son côté, M. Caillier grand vicaire de Toul, va nous le présenter sous ceux d'un confesseur de la foi :

« M. R. P. (1) Je vous ay une grande obligation, et je vous en remercie

(1) Lettre adressée au P. Donat, à la date du 20 juin 1663.

très affectueusement, de ce que vous avez eu la bonté de m'envoyer une des premières feuilles de votre confrérie du très adorable sacrement de l'autel, et souhaite passsionnément que tout ce pays suive l'exemple de ce grand prince qui de sa propre main s'est inscrit en cette sainte confrérie, par une dévotion (qui n'en a point de pareille) qu'il porte à la divine Eucharistie, dont j'ai veu des marques si sainctes, estant il y a quelque temps à Mirecourt, et considérant aux pieds des autels S. A. S. en présence du Roy des Roys, en ce très sainct sacrement avec des respects et soubmissions admirables, que je vous advoue, M. R. P. n'avoir jamais esté mieux édifié d'aucune personne... »

X. — CHARLES IV A LA COUR DE FRANCE

Après avoir pris possession de ses Etats, le duc Léopold avait formé, en 1699, le projet de se rendre à la Cour de France. Le P. Donat lui adressa à ce sujet une série d'observations sur la manière dont ses ancêtres s'étaient conduits en pareille circonstance. Les passages relatifs à Charles IV, bien que rédigés avec la complaisance connue de leur auteur, nous ont semblé assez intéressants pour trouver leur place ici.

« Le duc Charles IV a esté le plus en épreuve en son règne de cinquante et un ans. Le roy Louis XIII l'aymoit passionnément, et le roy d'aujourd'hui qui, dans sa minorité avait bien besoin de luy le carrossoit beaucoup, et cependant l'un et l'autre l'ont saccagé, comme tous les yeux l'ont veu, comme toute la terre l'a sceu. Les ministres, les parlements, les intendants, les petits commissaires, les écrivains luy ont fait mille opprobres... Quant à la façon dont il se comportoit à la Cour de France, il usoit de grandes précautions en toutes ses visites actives et passives, sçachant bien que peu de gens l'alloient voir qui n'eussent des desseins sur ses paroles, ses gestes, ses tours et détours, même sur ses railleries pour faire rapport de tout là où ils croyoient bien faire leur cour. Il y avoit des occasions où il se précipitoit à parler et d'autres où il défendoit à sa langue de se mouvoir selon ce qu'il vouloit que l'on tirast de son génie. Il avoit un artifice admirable es occurrences de pas, de marches et de préséance, témoignant quelque fois qu'il ne se soucioit pas de ce qu'il voyoit se faire contre sa dignité, et trouvant toutefois le temps et les moments pour la soutenir en sa grandeur. On a veu quelque fois des princes à simple semelle et mesmes des gentilshommes, qui ne l'estoient tout au plus que trois jours la semaine, se pousser les uns les autres après le roy, et le laisser derrière, dont M. le mareschal de Grammont, qui estoit comme l'esprit de la Cour et le directeur des honneurs, les reprit un jour aigrement, mesme devant le roy; le duc paroissant après les démontoit incontinent de leur hauteur par sa mine de duc de Lorraine et leur déroboit les yeux du roy, du sang royal et des dames pour se les attirer... »

Parmi les différentes recommandations que le P. Tiercelin se croit autorisé à faire au duc, il en est une qui nous prouve, une fois de plus, son grand désir de faire réunir dans son pays tous les papiers se rapportant à la famille ducale :

« Et d'autant qu'il semble que l'hostel de Guise va tomber à famille étrangère, il seroit important, il faudroit trouver les moyens de tirer de son trésor les titres, papiers et enseignements de la maison de Lorraine qui puissent suppléer à ceux qu'on a pris et enlevés d'icy ; estant vray qu'il fut donné des doubles desdits titres à Claude de Lorraine, frère du duc

Antoine quand il alla établir la maison de Lorraine en France. Il faudroit particulièrement avoir le testament du duc René II qui est égaré par deça pour la seconde fois. »

XI. — CHARLES IV ET L'ÉVÊQUE DE TOUL

Le code Léopold sembla porter atteinte aux droits de l'évêque de Toul; M. de Bissy en appela à la cour de Rome, et les difficultés ne furent levées qu'après plusieurs années de lutte. Le P. Donat, malgré son grand âge, fut souvent consulté par les deux partis, qui pensaient trouver chez lui une longue experience et une connaissance approfondie des usages observés autrefois en pareille occurrence. Dans un mémoire, un véritable factum, qu'il a rédigé sous le titre : *Réponse à trois lettres de M. l'évêque de Toul*, nous trouvons les passages suivants où il expose les rapports du duc son maître, avec M. du Saussay, l'un des prédécesseurs de M. de Bissy :

« Quant au règne de Charles IV, dit-il, durant lequel s'est fait quelque rupture de la bonne intelligence qui avoit toujours esté entre le spirituel et le temporel, pour la rétablir entière, il voulut qu'il fist une conférence de députés de sa part et de celle de M. l'évesque de Toul, qui dressèrent des articles, lesquels furent arrêtés touchant les droits réciproques appartenant aux deux puissances, et depuis imprimés.

« Quand les officiers de police luy alloient remontrer l'extrême pauvreté des peuples à l'égard des viandes de caresme, et la nécessité d'y manger des œufs, il répondoit aussitost qu'il falloit s'adresser à l'évesque ; et aussi que ses prédécesseurs ducs et luy mesme s'estoient autrefois adressés au pape pour avoir permission de laictage en caresme. Il dit qu'il ne falloit pas aller sy loin, et qu'on seroit plus tost à Toul qu'à Rome.

« Au sujet des propositions faites touchant quelque changement qui seroit à faire à Nancy en quelques églises de monastère des deux sexes, il dit qu'il faudroit y faire accéder M. l'évesque de Toul pour les choses esquelles son autorité spirituelle serviroit.

« Quand feu M. du Saussay vint à Nancy pour le voir, il ne le receut pas comme les roys recevoient leurs évesques, mais l'envoya prendre aux portes de divers appartements par des princes, et le receut et se mit luy-même à l'endroit où il auroit à recevoir des ambassadeurs des plus hautes couronnes, cardinaux et gens de la première qualité, ayant mesme dit à ce seigneur évesque de son air d'agrément ordinaire, qu'il n'alloit pas plus avant, ayant ses cas réservés comme luy les siens.

« Il n'y a pas pourtant toujours eu du retour, et son parlement ou Cour Souveraine ayant requis dud. Seigneur du Saussay d'établir un official dans les Etats de ce prince pour ses sujets, sur trente exemples qui sont même de la France et notamment de ses parlements ; il en fit de grandes plaintes au roy comme si par là son évesché devoit estre détruit, et le roy ayant envoyé l'intendant Choizy au duc pour ce sujet, il fallut qu'il ordonnast une surséance à cet arrest, sans vouloir faire faire remontrance au roy de son droit légitime, de l'usage des autres nations, et plus particulièrement de son propre royaume.

« Au commencement de son règne, le jubilé universel de l'an 1625 estant accordé au lieu de Saint-Nicolas, pour tout le pays, et M. de Lenoncourt, primat de Lorraine, commis pour l'exécution des ordres et mandements apostoliques, MM. les chanoines de l'Eglise de Toul décrièrent ce jubilé pour n'avoir pas esté appelés à lad. députation dud. Seigneur primat, et disoient que tout ce qui se faisoit sans eux estoit nul. Ils écrivirent en

France pour que le roy, qui n'estoit point encore leur Seigneur, mais seulement leur protecteur, demandast un autre jubilé dans Toul pour eux et pour toutes leurs terres. Ceux des églises de Metz et de Verdun grondoient de mesmes et vouloient aussy des jubilés à part, quoyqu'il n'y eust aucune nécessité d'en donner à chaque ville, notamment quand elles sont peu éloignées du lieu où il estoit accordé, comme sont Metz, Toul et Verdun de Saint-Nicolas. De sorte qu'il fut délibéré au conseil du duc si, au cas que le pape octroyast le jubilé auxdites villes, on ne défendoit pas à ses sujets de l'aller gagner ailleurs qu'à Saint-Nicolas. Et tout cela marquoit que ces MM. avaient peu d'égard à la division qui seroit dans leurs diocèses, et peu de volonté de conserver une bonne intelligence avec le duc.

« Il y a aussy un juste deplaisir de ce que MM. les évesques ou MM. leurs grands vicaires ont jeté quantité d'étrangers es bénéfices de ses Etats, sans avoir pris permission ny lettre de naturalité de luy pour la possession légitime; ce qui l'auroit obligé, par avis de son conseil, de faire une ordonnance contre, à l'instar et selon l'usage des autres états chrétiens et singulièrement de la France.

« Le susdit M. du Saussay évesque de Toul ayant fait plusieurs mandements à tous les ecclésiastiques de son diocèse de faire des prières pour les intérests de la France, sans faire distinction des ecclésiastiques sujets du duc d'avec ceux de France, et remontrance faite au duc que MM. les évesques ne peuvent et ne doivent donner aucun mandement en ses pays pour des intérests estrangers, il fut obligé d'ordonner, à la requête du procureur général, que les ecclésiastiques ses sujets ne défèreroient aucunement auxd. mandements.

« Le Sieur grand vicaire de Metz ayant fait un pareil mandement pour faire des services et prières pour la reyne mère du roy décédée, et m'en ayant voulu donner une feuille à Metz, pour l'apporter au duc, je luy demanday s'il croyoit que je ferois plaisir à S. A. si je luy apportois des mandements liant et obligeant les ecclésiastiques ses sujets pour autre chose que pour ses intérests et ceux de son Etat, et fis observer à mond. grand vicaire que luy et tous prélats du royaume devoient remarquer que ce n'estoient pas l'intention du roy, lequel, en sa lettre circulaire, qu'il leur avait écrite, leur recommandoit de faire faire des prières pour le repos de la reyne sa mère par leurs diocésains qui estoient ses sujets. Le duc ne laissa pas pourtant de faire faire par son autorité des services en toutes les églises de Nancy pour cette illustre trépassée, et assista en grand deuil au principal qui se fit en l'église S. George, sa chapelle castrale...

« Quand le duc Charles IV et les autres princes estoient malades, toutes les cloches se taisoient et des prières publiques estoient faites par le soin des magistrats de concert avec MM. les curés et autres chefs des églises, et particulièrement quand le duc fut si dangereusement malade, au village de Jarville, qu'il ne put pas estre transporté dans Nancy; et tout cela sans que l'évesque de Toul y eut ordonné; non plus que pour la procession faite à minuit par les rues de la ville neuve avec le Saint Sacrement, pendant l'incendie au chasteau ou palais du duc.

« Le duc Charles ordonnoit aussy des processions du Saint Sacrement avec grande magnificence qui y attiroit une grande partie des trois éveschés; il mit ordre à Mirecourt, lorsqu'il y estoit, pour le port du viatique aux malades, commanda qu'on l'avertit pour l'accompagner luy-même, il faisoit porter le dais par les princes, et ordonna le petit carillon des cloches pendant que le Saint Sacrement estoit ainsy es rues et jusqu'à sa rentrée dans l'église. Et tout cela sans que MM. les évesques s'en soient mêlés. »

Ces détails qui viennent s'ajouter à ceux que nous avons déjà donnés sur la piété de Charles pendant son séjour à Mirecourt, nous sembleraient trop longs s'ils ne concernaient un personnage dont la vie offre les contrastes les plus étonnants. Le P. Donat aimait à revenir sur ce sujet :

« Il s'est vu des curés, écrit-il au même, qui sachant que ce prince devoit passer par leurs villages, sont allés au devant de luy en processions publiques avec le Saint Sacrement, et bien apparamment sans ordres épiscopal, et sans réquisition de luy qui, au contraire, prenoit cette dévotion pour irrégulière et méséante, et néanmoins suivoit le Saint Sacrement, tenant luy-même son cheval par la bride.

« Il a montré cette religieuse piété envers ce divin mystère, l'accompagnant par les rues lorsqu'il le voyait porter aux malades à Bruxelles aux pestiférés, assistant à ses sacrifices, même à heure de danger comme en Picardie où on le vint avertir à la messe que les ennemis estoient tout proche et sembloient vouloir fondre sur luy, il répondit doucement : ils attendront bien que la messe soit dite ; et une chose pareille et en très grand danger, au faubourg Saint-Antoine, pendant la guerre de Paris.

« Son respect envers ce Sacrement luy faisoit réprouver la facilité que MM. les évesques avoient à permettre la messe es maisons séculières pour favoriser les dames, les délicats et les ennemis de paroisses ; et estant à Blois, et la messe preste à dire dans la chambre de Madame la duchesse d'Orléans, sa sœur, laquelle l'invita à l'entendre avec elle, comme j'estois là présent, il me demanda si les messes de maisons estoient bonnes, et du vray, il n'en vouloit jamais dans la sienne. »

Nancy. — Imprimerie A. VOIRIN et L. KREIS, rue Saint-Georges, 51.

www.ingramcontent.com/pod-product-compliance
Lightning Source LLC
LaVergne TN
LVHW010409240826
846091LV00020B/2847

9782013283120